COLLECTION VOJAVE

TABLEAUX ANCIENS

DES ÉCOLES

FLAMANDE, HOLLANDAISE ET FRANÇAISE

VENTE HOTEL DROUOT, SALLE Nº 8

Le Jeudi 14 Avril 1887

A DEUX HEURES

Mᵉ CHEVALLIER
COMMISSAIRE-PRISEUR
10, rue Grange-Batelière

MM. HARO FRÈRES
PEINTRES-EXPERTS
rue Visconti, 14 et rue Bonaparte, 20

1887

BOURLOTON. — Imprimeries réunies, A, rue Mignon, 2, Paris.

CATALOGUE

DES

TABLEAUX ANCIENS

DES ÉCOLES

FLAMANDE, HOLLANDAISE ET FRANÇAISE

COMPOSANT LA

COLLECTION VOJAVE

DONT LA VENTE AURA LIEU

HOTEL DROUOT, SALLE N° 8

Le Jeudi 14 Avril 1887

A DEUX HEURES

EXPOSITION PARTICULIÈRE	EXPOSITION PUBLIQUE
Le Mardi 12 Avril 1887	Le Mercredi 13 Avril 1887

DE UNE HEURE ET DEMIE A CINQ HEURES ET DEMIE

M° **CHEVALLIER**
COMMISSAIRE-PRISEUR
10, rue Grange-Batelière

MM. **HARO** Frères
PEINTRES-EXPERTS
rue Visconti, 14 et rue Bonaparte, 20

1887

CONDITIONS DE LA VENTE

Elle sera faite au comptant.

Les acquéreurs payeront *cinq pour cent* en plus du prix d'adjudication.

TABLEAUX

ANCIENS

DÉSIGNATION

ASSELYN (Jean)

Né à Anvers en 1610, mort en 1660.

1 — Le Passage du gué.

Paysage avec figures et animaux. Vue prise en Italie. Effet de soleil couchant

Signé à droite du monogramme.

Très belle conservation.

B. — H., 0,31. L., 0,32.

AVERCAMP (Henri Van)

ÉCOLE FLAMANDE

2 — Courses sur la Meuse.

Au premier plan, une barque dont la poupe est ornée d'écussons et de peintures, montée par de nombreux personnages, fuit sous le vent et s'efforce de gagner de vitesse d'autres embarcations qui l'ont devancée. Chacune de ces barques porte un pavillon différent. Sur la rive, à gauche, un moulin; à droite, des maisons et des personnages.

Signé à droite du monogramme.

B. — H., 0,23. L., 0,38.

BALEN (Van)

ÉCOLE FLAMANDE

3 — Sainte Famille.

Dans un paysage, la Vierge, l'Enfant-Jésus, saint Jean et deux anges ; dans le fond, saint Joseph.

Cuivre parqueté. — H., 0,17. L., 0,22.

BEGEYN (Abraham)

ÉCOLE HOLLANDAISE

4 — Intérieur de forêt.

Au pied de grands arbres, diverses plantes, avec quantité d'insectes, oiseaux, etc.

Signé à droite sur un tronc d'arbre.

T. — H., 0,55. L., 0,48.

BERCHEM (Nicolas)

Né à Harlem en 1624, mort en 1683.

5 — L'Attaque d'un convoi.

Dans un défilé, dominé par les ruines d'un château fort, des soldats embusqués attaquent un convoi.

Au premier plan, à droite, un officier, monté sur un cheval blanc, charge un soldat armé d'une pique, qui l'attend de pied ferme. Derrière, deux cavaliers, dont l'un est frappé à mort par un coup de mousquet de son adversaire. Plus loin, deux combattants s'abordent avec furie ; leurs chevaux se mordent. Au fond, les voitures et les fourgons.

Cette composition, pleine de fougue et d'entrain, rappelle les beaux tableaux du musée La Haye.

Signé à gauche du monogramme et daté 1675.

Provient de la galerie du marquis du Blaizel.

T. — H., 1,11. L., 1,54.

BERCHEM (Nicolas)

6 — Nymphes surprises.

Au pied d'un monticule boisé, deux nymphes viennent de se baigner : surprises par des satyres, elles reprennent en hâte leurs vêtements. Au premier plan, plusieurs chèvres. Ciel nuageux : effet de soleil couchant.

Signé à gauche.

T. — H., 0,65. L., 0,82.

BEYEREN (Abraham Van)

ÉCOLE HOLLANDAISE

7 — L'Arrivée du poisson.

Sur le bord du rivage, à Scheweningen, sont posés pêle-mêle différents poissons : esturgeon, turbot, raie, cabillot, homard, tourteau, etc., etc.

T. — H., 0,92. L., 1,37.

BEYEREN (Abraham Van)

8 — Pendant du précédent.

Ces deux tableaux proviennent de la collection de Mme la princesse de Tingry.

T. — H., 0,92. L., 1,37.

BREUGHEL (Jean), dit *le Jeune*

Né en 1568, mort en 1622

et

JOSSE DE MOMPER

Né en 1580, mort en 1659 à Bruges.

9 — La Route du marché. Paysage. Bords du Rhin.

A droite, un troupeau de vaches et des chariots attelés de chevaux avec nombreux personnages. En contre-bas, le fleuve, couvert de barques, serpente entre les collines.

B. — H., 0,46. L., 0,74.

BREUGHEL (Baptiste)

10 — Fleurs et Fruits.

Sur une table, un plat rempli de raisins, un verre avec des fleurs, des abricots, des noisettes, etc.

Collection Duclos.

B. — H., 0,55. L., 0,76.

BRUANDET

Mort à Paris en 1803.

ÉCOLE FLAMANDE

11 — Paysage avec figures et animaux. Effet de soleil couchant.

T. — H., 0,32. L., 0,25.

CARRACCI (Annibal)

(1560 — 1609)

ÉCOLE BOLONAISE

12 — L'Adoration du Christ.

Le Christ mort est adoré par deux anges agenouillés; en haut, une gloire de chérubins.

T. — H., 1,21. L., 1,71.

*

CERQUOZZI (Michel-Ange)
(Attribué à)
(1600 — 1660)

ÉCOLE ITALIENNE

13 — Une Rixe. Scène populaire.

T. — H., 0,50. L., 0,73.

COYPEL (Noel)
(1628 — 1707)

ÉCOLE FRANÇAISE

14 — Silène, Bacchante et Satyres.

Collection Duclos.

T. — H., 0,61. L., 0,51.

CROOS (Antoine van der)

ÉCOLE HOLLANDAISE

15 — Paysage avec figures et animaux.

B. — H., 0,23. L., 0,31.

CUYP (ALBERT)

16 — Chat et Poissons.

B. — H., 0,47. L., 0,72.

DYCK (ANTOINE VAN)
(Attribué à)

(1599 — 1641)

ÉCOLE FLAMANDE

17 — Portrait de Ryckaert.

Répétition du portrait qui se trouve à la galerie de
Madrid, sous le n° 1320.

ES (JACOB VAN)

ÉCOLE FLAMANDE

18 — Déjeuner frugal.

Sur une table, recouverte d'un tapis vert, un citron
découpé, une assiette en étain avec des crevettes, du pain,
un pot de confitures et une orange.

Signé à gauche sur le bord de la table.

C. — H., 0,325. L., 0,46.

ES (Jacob Van)

19 — Fruits et fleurs dans un verre posé sur
une table.

Pendant du précédent.

B. — H., 0,325. L., 0,46.

EVERDINGEN (Albert Van)

Né à Alkmaar (Hollande).

(1621 — 1675)

20 — Paysage avec figures et animaux.

B. — H., 0,43. L., 0,52.

FRAGONARD (Attribué à).

21 — Paysage avec figures et animaux.

T. — H., 0,32. L., 0,41.

FRANCK (Jean-Baptiste)

ECOLE FLAMANDE

22 — Le Christ au roseau.

B. — H., 0,36. L., 0,28.

FYT (Jean)

ECOLE FLAMANDE

23 — Gibier gardé par des chiens.

Des perdrix, différents oiseaux morts et des accessoires de chasse, déposés au pied d'un arbre, sont gardés par deux chiens.

Peinture large et empâtée.

T. — H., 0,60. L., 0,84.

GALLÉ (Jérôme)

ECOLE HOLLANDAISE

24 — Oiseaux morts et Fleurs.

Très belle signature placée au milieu du tableau.

T. — H., 0,84. L., 0,65.

GALLÉ (Jérôme)

ÉCOLE FLAMANDE

25 — Pendant du précédent.

Signé au milieu sur une pierre.

Ces deux tableaux sont d'une exécution et d'une conservation remarquables.

T. — H., 0,84. L., 0,65.

GOUBAU ou GOEBOUV (Antoine)

(1625 — 1677)

ÉCOLE FLAMANDE

26 — Un Carnaval en Italie.

Au milieu d'une grande place, où se dresse une colonne, la foule entoure une fontaine où se distribue du vin; au-devant, le cortège de Bacchus et de Silène. Tout autour de la place, des marchands, des cantines, etc. Au fond, la mer à l'horizon.

(Les fruits et les animaux sont attribués à Largillière, qui fut élève de Goubau.)

Signé à droite.

T. — H., 1,69. L., 2,06.

GRESLY (Gabriel)

(1710 — 1756)

27 — Trompe-l'œil.

Une gravure d'après Brawer est clouée sur une planche en bois de sapin ; derrière, une plume d'oie ; un livre d'écolier est pendu par une ficelle à un clou.

Signé sur la gravure.

T. — H., 0,60. L., 0,50.

GRIEF

(ÉCOLE FLAMANDE)

28 — Intérieur d'un hangar de ferme.

Au premier plan, sous un hangar, sont disposés pêle-mêle une multitude d'ustensiles, quantité de légumes, etc. ; au second plan, à gauche, un canard, enlevé par un aigle au-dessus d'un étang qui borde d'un côté le bâtiment ; des canards effrayés se sauvent. A droite, un valet soigne deux chevaux ; au fond, une ferme.

Signé à droite sur un baquet renversé.

T. — H., 0,74. L., 0,97.

GRIMOUX (JEAN)

ECOLE FRANÇAISE

29 — Portrait d'un jeune artiste.

Il est représenté dessinant, la tête à demi tournée vers le spectateur et riant.

Touche grasse et empâtée.

T. — H., 0,73. L., 0,60.

HALS (THIERRY)

(1580 — 1656)

ECOLE FLAMANDE

30 — La Partie de trictrac.

Plusieurs personnages regardent le jeu engagé entre une dame et un cavalier en costumes Louis XIII.

B. — H., 0,42. L., 0,35.

HÉDA (GUILLAUME-NICOLAS)

ECOLE HOLLANDAISE

31 — Nature morte.

Sur une table sont placés : une boîte à tabac renversée, des allumettes, des cartes à jouer, un verre, un réchaud allumé, une cruche en grès et un verre de bière.

Signé en toutes lettres sur une pipe hollandaise placée en travers de la table.

B. — H., 0,48. L., 0,59.

HÉDA (Guillaume-Nicolas)

32 — Le Déjeuner.

Sur une table, recouverte d'une nappe blanche, on voit pêle-mêle des raisins, du pain, des fruits, du jambon, des noisettes, un vidrecome, etc.

B. — H. 0,84. L. 1,14.

HELMONT (Mathieu Van)

ÉCOLE FLAMANDE

(1650 — 1749)

33 — Le Marché aux légumes.

Signé à gauche en toutes lettres.

T. — H. 0,58. L., 0,85.

HERP (Gérard Van)

34 — Joyeuse compagnie.

Dans un riche intérieur, plusieurs cavaliers et jeunes femmes réunis chantent ou devisent joyeusement autour d'une table servie ; par la porte ouverte on aperçoit une cuisine.

B. — H. 0,50. L., 0,69.

HEUSCH (Jacques de)

ÉCOLE HOLLANDAISE

(1657 — 1701)

35 — Paysage. Effet de soleil couchant.

B. — H., 0,39. L., 0,32.

HONDECOETER (Melchior de)

36 — Coq et Poules.

Collection Duclos.

T. — H., 0,59. L., 0,81.

HONDECOETER (Melchior de)
(Attribué à)

37 — Combat de coqs.

T. — H., 0,55. L., 0,68.

HUË (Jean)

ÉCOLE FRANÇAISE

38 — Paysage avec rivière.

Signé à gauche.
Collection Duclos.

T. — H., 8,16, L., 0,22.

JARDIN (Karel du)

ÉCOLE HOLLANDAISE

39 — Le Pâturage.

Une paysanne trait une chèvre blanche, tout en causant avec un paysan qui porte un vase de lait; à droite, un cheval brun; dans le fond, des fabriques et des montagnes élevées et arides. Ciel nuageux.

Signé à droite du monogramme.

T. — H., 0,39, L., 8,18.

JORDAENS (Jacques)

(1594 — 1678)

40 — L'Enfance de Bacchus.

T. — H., 0,88. L., 0,70.

JORDAENS (Jacques)

(1593 — 1678)

ÉCOLE FLAMANDE

41 — Saint Mathieu.

Il est représenté tenant un livre de la main gauche.
Sur le devant, un bas-relief.
Belle peinture.

T. — H., 1,17. L., 0,92.

JORDAENS (Jacques)

42 — Saint André.

Il est représenté lisant, la tête appuyée sur le bras droit.
Fond de paysage ; sur le devant, un bas-relief, etc.
Pendant du précédent.

T. — H., 1,17. L., 0,92.

KESSEL (Ferdinand Van)

ÉCOLE FLAMANDE

(1648 — 1696)

43 — Fleurs, Fruits et Insectes.

Sur une table, un plat de Delft garni d'abricots et de prunes; une fleur, des cerises, une noix cassée et des insectes.
Collection Duclos.

C. — H., 0,32. L., 0,40.

KOBBEL (Ferdinand)

ÉCOLE ALLEMANDE

(1740 — 1796)

44 — Paysage avec figures et animaux.

Signé à droite et daté.

T. — H., 0,76. L., 1,0*.

KUILENBURG (Abraham Van)

ÉCOLE HOLLANDAISE

45 — Diane et Actéon. Paysage.

Diane, entourée de ses nymphes, dont la plupart prennent leurs ébats dans l'eau, vient de sortir du bain. A gauche, au sommet d'un monticule, apparaît Actéon.

B. — H., 0,94. L., 0,66.

LAGRÉNÉE (Louis-Jean-François)

(1724 — 1805)

ÉCOLE FRANÇAISE

46 — Joseph et la Femme de Putiphar.

Signé à droite.

T. — H., 0,37. L., 0,47.

LAGRÉNÉE (Louis-Jean-François)

47 — Suzanne et les Vieillards.

Pendant du précédent.

LAIRESSE (Renier)

48 — L'Eucharistie. Allégorie.

LE PAIN ET LE VIN

En haut, deux anges soulèvent le couvercle d'un saint ciboire sur lequel apparaît une hostie; l'un tient des raisins, l'autre des épis de blé. Le saint ciboire est en or richement ciselé avec pierreries; à droite et à gauche, des chandeliers en argent. Sur le tabernacle, deux guirlandes de fleurs suspendues au milieu, avec rubans bleus et roses; au milieu, des grappes de raisins et des épis. A terre, sur un tapis, un livre, un encensoir et de nombreux accessoires merveilleusement peints.

Cette œuvre considérable a toujours été atttribuée à la collaboration des Lairesse et regardée comme un de leurs chefs-d'œuvre.

En bas, nous relevons le monogramme :

Y v L. G a B.

T. — H . 242. L . 160.

LAMBRECHTS (C.)

ÉCOLE HOLLANDAISE

49 — Mangeurs de moules.

Collection Duclos.

B. — H.. 0.24. L.,

LAWRENCE (Sir Thomas)
(Attribué à)

ÉCOLE ANGLAISE

(1769 — 1830)

50 — Portrait allégorique.

Signé à droite.

T. — H., 0,37. L., 0,45.

MÉRIAN (Marie-Sibylle)

ÉCOLE ALLEMANDE

(1647 — 1717)

51 — Fruits.

Sur une table, recouverte d'un tapis en velours, un plat de Delft, orange, citron, raisins. Sur un plateau en argent, une écrevisse, un pain et une montre en or, avec des rubans bleus et un cachet; derrière, un grand vidrecome.

Signé sur le cachet, attaché à un ruban bleu.

T. — H., 0,55. L., 0,74.

METZU (Gabriel)

ÉCOLE HOLLANDAISE

Né à Leyde en 1630, mort à Amsterdam vers 1668.

?

52 — Un Musico hollandais.

Au premier plan, un soldat, vu de dos, joue du violon ; un galant offre des huitres à une jeune femme ; à gauche, un jeune homme courtise la servante.

Signé à droite sur un coussin.

T. — H., 1,16. L., 1,02.

MIEREVELT (Michel)

ÉCOLE HOLLANDAISE

(1567 — 1641)

53 — Portrait d'homme.

Sur le fond du tableau, on lit :
ÆTATIS 26 — 1624

B. — H., 0,76. L., 0,58.

MOLENAER (Corneille)

ÉCOLE FLAMANDE

54 — Le Bac. Paysage. Bords de la Meuse.

B. — H., 0,53. L., 0,82.

MOLYN (Pierre) *le Vieux*

ÉCOLE HOLLANDAISE

55 — Paysage avec figures.

Au premier plan, un pêcheur assis au bord d'une rivière ; auprès, un jeune paysan, sur un pont en bois ; au second plan, un moulin et, sur la gauche, une route qui conduit au village ; près de là, des moissonneurs qui viennent de couper les foins.

Paysage dans la manière de Van Goyen.

B. — H., 0,40. L., 0,61.

NATOIRE

ÉCOLE FRANÇAISE

56 — Intrigue.

Une jeune femme, des fleurs dans les cheveux, est représentée debout, vêtue d'une robe de moines et vue de trois quarts; elle tient à la main une cordelière dont elle fait un double nœud. Devant elle, sur une table, plusieurs ouvrages, dont l'un porte un titre de contes galants, du café et divers accessoires. Auprès d'elle, un chat.

Belle peinture.

T. — H., 1,18. L., 0,89.

OLEN (Jean Van)

Mort en 1698 à Amsterdam.

ÉCOLE HOLLANDAISE

57 — Basse-cour.

Au premier plan, une poule est effrayée de voir les petits canards qu'elle avait couvés aller dans une mare.

Signé en haut.

T. — H., 1,00. L., 1,30.

ORIENT (Joseph)

(1677 — 1747)

ÉCOLE ALLEMANDE

58 — Paysage avec figures.

B. — H., 0,22. L., 0,22.

OUDRY (Jean-Baptiste)

(1686 — 1755)

ÉCOLE FRANÇAISE

59 — Perdrix rouge.

Une perdrix, près d'un gros chêne; fond de paysage accidenté.

Collection Duclos.

T. — H., 0,61. L., 0,50.

PLATZER (Jean-Georges)

ÉCOLE ALLEMANDE

60 — Combat des Centaures et des Lapithes.

C. — H., 0,35. L., 0,47.

PLATZER (Jean-Georges)

61 — Festin des Atrides.

Pendant du précédent.

C. — H., 0,35. L., 0,47.

PEETERS (Bonaventure)

ÉCOLE FLAMANDE

(1614 — 1652)

62 — Marine. Mer agitée.

H., 0,13. L., 0,13.

PEETERS (Jacques)

ÉCOLE FLAMANDE

63 — L'Hiver.

Sur une rivière gelée, de nombreux patineurs et des traîneaux ; dans le fond, une ville.
Signé à droite.

B. — H., 0,47. L., 0,62.

RIDINGEN (Jean-Élie)

ECOLE ALLEMANDE

(1695 — 1767)

64 — Cheval turc.

Signé à droite.

C. — H., 0,21. L. 0,33.

RIDINGEN (Jean-Élie)

65 — Cheval espagnol.

Signé à droite.
Pendant du précédent.

C. — H., 0,24. L., 0,33.

RUYSDAEL (Salomon)

Mort à Harlem en 1670.

66 — La Forêt.

Dans une vaste forêt, traversée par une rivière, des vaches au premier plan se désaltèrent à l'abreuvoir. Plus loin, des moutons, divers animaux et le berger. A gauche, de grands chênes; à droite, la rivière, qui s'enfonce dans la forêt. Ciel nuageux.

Belle exécution et important tableau du maître.
Signé à gauche.

T. — H., 1,10. L., 1,55.

SCHOUMAN (Arthur)

ECOLE HOLLANDAISE

(1710 — 1792)

67 — Basse-cour.

Au premier plan, deux pigeons près d'une poule avec ses poussins; un paon posé sur un bas-relief agace un coq. Peinture d'un rare mérite d'exécution.

T. — H., 1,02. L., 1,19.

SEGHERS (Daniel)

(1590 — 1661)

ECOLE FLAMANDE

68 — Guirlande de fleurs, attachée avec des rubans bleus.

B. — H., 0,31. L., 0,47.

SNYDERS (François)

(1579 — 1657)

ECOLE FLAMANDE

69 — Combat de chien et de chat.

T. — H., 1,14. L., 1,65.

SON (Jean Van)

(1661 — 1723)

ÉCOLE FLAMANDE

70 — Fruits.

Sur une table, un plat en étain, des grappes de raisin et trois pommes. A gauche, un melon et du raisin blanc.

Collection Duclos.

B. — H., 0,40. L., 0,61.

SON (Jean Van)

ÉCOLE FLAMANDE

71 — Gibier gardé par des chiens.

Deux chiens de chasse gardent du gibier. A gauche, debout, un lévrier ; auprès d'un arbre, un fusil, un lièvre, deux perdrix ; au premier plan, un chien couché.
Signé à gauche des initiales J. S.

T. — H., 1,16. L., 1,67.

SOOLMAKER (J.-F.)

ÉCOLE HOLLANDAISE

72 — Le Retour du marché. Paysage avec animaux. Effet de soleil couchant.

Tableau dans la manière de Berghem.
Signé.

B. — H., 1,05. L., 1,54.

THIELEN (Jean-Philippe Van)

(1618 — 1667)

ÉCOLE FLAMANDE

73 — Vase avec des fleurs et des insectes.

T. — H., 0,605. L., 0,435.

THULDEN (Théodore Van)

(1606 — 1676)

ÉCOLE FLAMANDE

74 — Paysage avec figures.

Trois ivrognes accompagnés d'un chien cheminent dans la campagne.

Le paysage est dû au pinceau de Josse de Momper.

T. — H., 0,90. L., 0,79

TILBORGH (Gilles Van)

75 — Les Joueurs de cartes.

Signé en bas.

T. — H., 0,62. L., 0,91.

UDEN (Luc Van)

(1595 — 1672)

ÉCOLE FLAMANDE

76 — Paysage avec figures et animaux. Effet de soleil couchant.

T. — H., 0,86. L., 0,10.

VASARI (Georges)
(Attribué à)

(1512 — 1574)

ÉCOLE FLORENTINE

77 — L'Ange Gabriel. La Salutation angélique.

Collection Le Prevost.

B. — H., 1,04. L., 0,77.

VECELLI (Tiziano) dit *le Titien*
(D'après)

78 — Vénus.

T. — H., 0,44. L., 0,68.

VICTOR ou FICTOOR

79 — Scène villageoise.

Devant une auberge, des paysans attablés écoutent un jeune garçon qui chante en s'accompagnant sur un violon.

T. — H., 0,83. L., 0,66.

VOS (H.-D.)

80 — L'Abreuvoir.

Dans un faubourg de ville, un abreuvoir ombragé de grands arbres ; à droite, un château avec tourelles ; dans le fond, la ville, dont on aperçoit le haut des maisons et les clochers des églises.

Signé et daté 1656.

T. — H., 1,06. L., 1,50.

WATELET (Louis-Étienne)

ÉCOLE FRANÇAISE

81 — Les Plaisirs champêtres.

Signé en bas.

T. — H., 0,24. L., 0,32.

WEENIX (Jean-Baptiste)

Né en 1621, mort en 1660 à Amsterdam.

82 — La Raison du plus fort.

Au premier plan, un chien du mont Saint-Bernard couché
tient dans ses pattes un foie et un cœur de veau; derrière,
un chien lévrier sur pied jette un regard à la fois d'envie et
de peur sur le manger de son puissant camarade. Au fond, des
fabriques et un torrent. Ciel nuageux.

Signé à droite Gio Batta Wœnix, 1649.

Provient de la collection de Van der Stralen, à Malines.

T. — H., 1,36. L., 2,06.

WOLFAERTS (Artus)

ÉCOLE FLAMANDE

83 — Vue prise en Italie. Paysage avec figures et animaux. Effet de soleil couchant.

Signé à gauche.

T. — H., 0,72. L., 0,98.

WYNTRACK

ÉCOLE HOLLANDAISE

84 — Paysage.

Au premier plan : un arbre, un chien ; plus loin, une ferme ; dans le fond, des collines.

Bon spécimen de ce maître, qui a souvent peint des figures dans les tableaux d'Hobbema.

Provient de la collection de M. Pilot, à Bordeaux.

B. — H., 0,49. L., 0,42.

ÉCOLE HOLLANDAISE

85 — Poissons et Ustensiles de cuisine.

Collection Duclos.

T. — H., 0,78. L., 0,63.

ÉCOLE HOLLANDAISE

86 — Paysage avec figures.

Un berger assis sur un monticule garde des chèvres et des moutons ; des chasseurs avec leurs chiens passent dans un chemin sablonneux ; plus loin, des chaumières adossées à la forêt.

B. — H., 0,59. L., 0,75.

ÉCOLE HOLLANDAISE

87 — Le Retour de la chasse.

Dans un intérieur, deux chasseurs, ayant avec eux leurs chiens, disposent leur butin : des canards, lièvres, etc., l'un d'eux agace un chien avec une perdrix.

T. — H., 0,69. L., 1,09.

ÉCOLE FRANÇAISE

88 — Tête de vieillard.

B. — H., 0,17. L., 0,14.

ÉCOLE FRANÇAISE

89 — Scène galante.

T. — H., 0,59. L., 0,55.

ÉCOLE FRANÇAISE

90 -- Pastorale.

T. — H., 0,55. L., 0,45.

ÉCOLE FRANÇAISE

91 — Portrait de dame.

Elle est vêtue de bleu, avec des fleurs dans la coiffure.

B. — H., 0,19. L., 0,17

ÉCOLE FRANÇAISE

92 — Portraits allégoriques.

T. — H., 0,73. L., 0,85.

ÉCOLE ESPAGNOLE

93 — Nature morte.

T. — H., 0,79. L., 1,18.

?

94 — Le Coup de vent. Paysage.

T. — H., 0,72. L., 0,92.

?

95 — Pêches, Raisins et Papillons.

C. — H., 0,31. L., 0,445.

9324. — BOURLOTON. — Imprimeries réunies, A, rue Mignon, 2, Paris.

9 782329 549392